ትምህርት ቤት - escola 2
ጉዞ - viagem 5
መጓጓዣ - transporte 8
ከተማ - cidade 10
መልክዓምድር - paisagem 14
ምግብ ቤት - restaurante 17
የሸቀጣ ሸቀጥ መደብር - supermercado 20
መጠጦች - bebidas 22
ምግብ - comida 23
እርሻ - fazenda 27
ቤት - casa 31
ሳሎን - sala de estar 33
ማድቤት - cozinha 35
መታጠቢያ ቤት - banheiro 38
የልጅ ክፍል - quarto de criança 42
አልባሳት - vestuário 44
ቢሮ - escritório 49
ኢኮኖሚ - economia 51
የስራ ሙያዎች - profissões 53
መሳሪያዎች - ferramentas 56
የሙዚቃ መሳሪያዎች - instrumentos musicais 57
የደር እንስሳት ማቆያ - zoológico 59
የስፖርት አይነቶች - esportes 62
እንቅስቃሴዎች - atividades 63
ቤተሰብ - família 67
አካል - corpo 68
ሆስፒታል - hospital 72
ድንገተኛ - emergência 76
ምድር - Terra 77
ሰዓት - relógio 79
ሳምንት - semana 80
ዓመት - ano 81
ቅርፆች - formas 83
ቀለማት - cores 84
ተቃራኒዎች - opostos 85
ቁጥሮች - números 88
ቋንቋዎች - idiomas 90
ማን/ ምን/ እንዴት - quem / o quê / como 91
የት - onde 92

Impressum
Verlag: BABADADA GmbH, Nedderfeld 112 , 22529 Hamburg
Geschäftsführer / Verlagsleitung: Harald Hof
Druck: Books on Demand GmbH, In de Tarpen 42, 22848 Norderstedt

Imprint
Publisher: BABADADA GmbH, Nedderfeld 112 , 22529 Hamburg, Germany
Managing Director / Publishing direction: Harald Hof
Print: Books on Demand GmbH, In de Tarpen 42, 22848 Norderstedt, Germany

1

ትምህርት ቤት

escola

መማሪያ ክፍል
sala de aulas
ማካፈል
dividir
186/2
ሰሌዳ
quadro
የትምህርት ቤት ቅጥር ግቢ
pátio da escola
መምህር
professor
ወረቀት
papel
escrever
እስክሪብቶ
caneta
መፃፊያ ጠረጴዛ
escrivaninha
ማስመሪያ
régua
መጽሐፍ
livro
ተማሪ
aluno

የጀርባ ቦርሳ

sacola

የእርሳስ መያዣ

estojo de lápis

እርሳስ

lápis

የእርሳስ መቅረጫ

apontador de lápis

ላጲስ

borracha

የስዕል ደብተር

bloco de desenho

ስዕል

desenho

የቀለም ብሩሽ

pincel

የቀለም ሳጥን

estojo de tintas

መቀስ

tesoura

ማጣበቂያ

cola

መልመጃ ደብተር

livro de exercícios

የቤት ስራ

lição de casa

12

ቁጥር

número

2+2

መደመር

somar

5-2

መቀነስ

subtrair

2×2

ማባዛት

multiplicar

ቁጥሮችን ማስʻ ት

calcular

A

ደብዳቤ

letra

ABCDEFG
HIJKLMN
OPQRSTU
VWXYZ

ፊደʻ ት

alfabeto

hello

ቃል

palavra

ፅሑፍ

texto

ማንበብ

ler

ጠመኔ

giz

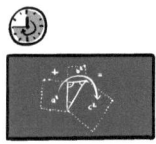

ትምህርት

hora

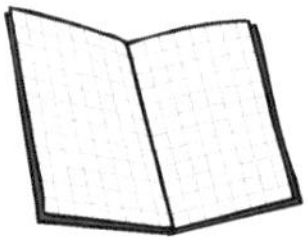

ምዝገባ

registro da classe

ፈተና

exame

ሰርተፊኬት

certificado

የትምህርት ቤት የደንብ ልብስ

uniforme escolar

ትምህርት

educação

አዉደ ጥበብ

enciclopédia

ዩኒቨርስቲ

universidade

የምርምር አጉሊ መሳርያ

microscópio

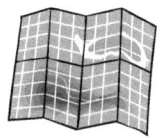

ካርታ

mapa

የቆሻሻ ወረቀት መጣያ ቅርጫት

cesto de lixo

ሆቴል
hotel
ማረፊያ ቤት
albergue
የዉጭ ገንዘብ ምንዛሪ ቢሮ
casa de câmbio
ልብስ መያዣ ሻንጣ
mala
መኪና
carro

ቋንቋ
idioma

አዎ/ አይደለም
sim / não

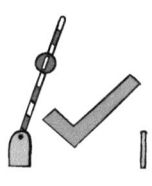

እሺ
ok

ሰላም
Olá

አስተርጓሚ
tradutor

አመሰግናለሁ
obrigado

ስንት ነዉ.......?

quanto custa...?

አልገባኝም

eu não entendo

እክል

problema

እንደምን አመሹ!

boa noite!

እንደምን አደሩ!

Bom dia!

መልካም ምሽት!

Boa noite!

ደህና ይሰንብቱ

até logo

አቅጣጫ

direção

ሻንጣ

bagagem

ቦርሳ

bolsa

የጀርባ ቦርሳ

mochila

እንግዳ

convidado

ክፍል

quarto

የመተኛ ቦርሳ

saco de dormir

ድንኳን

barraca

የጎብኚዎች መረጃ

informação turística

የባህር ዳርቻ

praia

ክሬዲት ካርድ

cartão de crédito

ቁርስ

café da manhã

ምሳ

almoço

እራት

jantar

ቲኬት

bilhete

አሳንሰር

elevador

ማህተም

selo

ድንበር

fronteira

ባህሎች

alfândega

ኤምባሲ

embaixada

ቪዛ/የይለፍ ወረቀት

visto

ፓስፖርት

passaporte

መጓጓዣ

transporte

አዉሮፕላን
avião
መርከብ
navio
የእሳት አደጋ መኪና
carro de bombeiros
አዉቶብስ
ônibus
የጭነት መኪና
caminhão
የሞተር ጀልባ
barco a motor
ብስክሌት
bicicleta
መኪና
carro

የማመላለሻ ጀልባ

balsa

ጀልባ

barco

የሞተር ብስክሌት

motocicleta

የፖሊስ መኪና

veículo policial

የዉድድር መኪና

carro de corrida

የኪራይ መኪና

carro de aluguel

የመኪና መጋራት

compartilhamento de automóvel

ጎታች መኪና

caminhão de reboque

የቆሻሻ ጭነት መኪና

caminhão de lixo

ሞተር

motor

ነዳጅ

combustível

የቤንዚን ማደያ

posto de gasolina

የመንገድ ምልክት

placa de trânsito

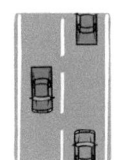

የመኪኖች እንቅስቃሴ

trânsito

የመኪና መጨናነቅ

trânsito lento

የመኪና ማቆሚያ

estacionamento

የባቡር ጣቢያ

estação de trem

የባቡር ሀዲዶች

trilhos

ባቡር

trem

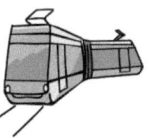

የኤሌክትሪክ ባቡር

bonde

ሰረገላ

vagão

ሄሊኮፕተር

helicóptero

የር ማረፊያ

aeroporto

ማማ

torre

መንገደኛ

passageiro

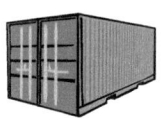

ማስቀመጫ፤ ማጠራቀሚያ

contêiner

ካርቶን እቃ ማሸጊያ

cartolina

ጋሪ፤ ተሳቢ

carroça

ቅርጫት

cesto

መነሳት/ ማረፍ

decolar / pousar

ከተማ

cidade

መንደር

vilarejo

የከተማ ማዕከል

centro da cidade

ቤት

casa

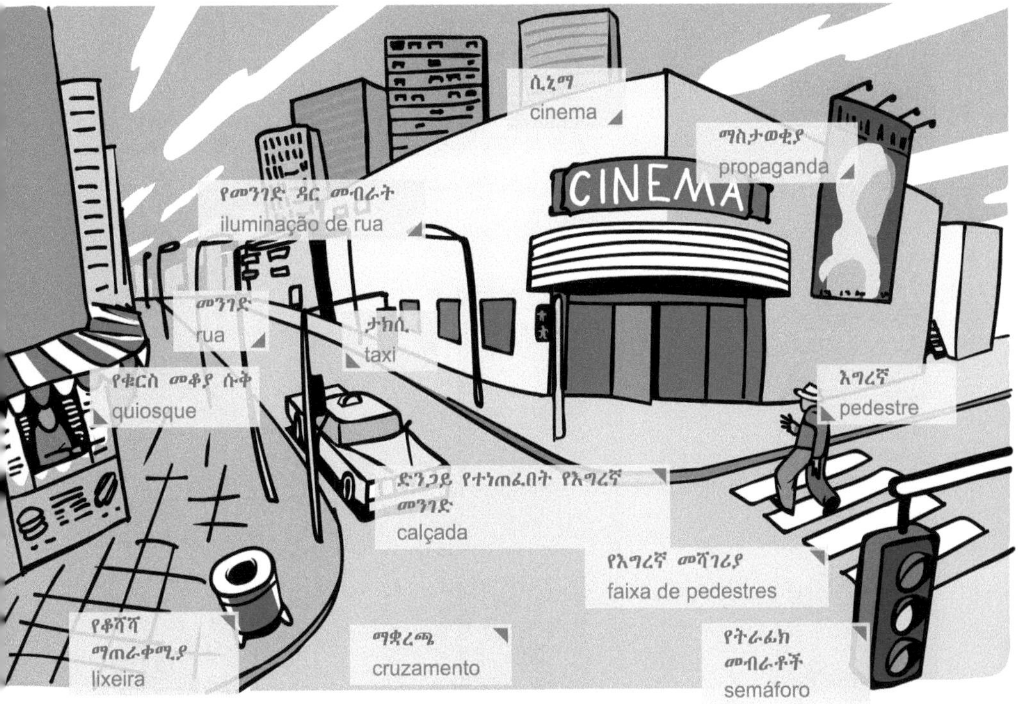

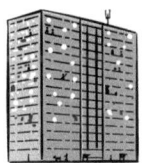

ሲኒማ / cinema

ማስታወቂያ / propaganda

የመንገድ ዳር መብራት / iluminação de rua

መንገድ / rua

ታክሲ / taxi

የቁርስ መቋ ሱቅ / quiosque

እግረኛ / pedestre

ድንጋይ የተነጠፈበት የእግረኛ መንገድ / calçada

የእግረኛ መሻገሪያ / faixa de pedestres

የቆሻሻ ማጠራቀሚያ / lixeira

ማቋረጫ / cruzamento

የትራፊክ መብራቶች / semáforo

ጎጆ	አፓርታማ	የባቡር ጣቢያ
cabana	apartamento	estação de trem

የከተማ አዳራሽ	ቤተ መዘክር	ትምህርት ቤት
prefeitura	museu	escola

ዩኒቨርስቲ

universidade

ባንክ

banco

ሆስፒታል

hospital

ሆቴል

hotel

መድሐኒት ቤት

farmácia

ቢሮ

escritório

መፅሐፍ መሸጫ

livraria

ሱቅ

loja

የአበባ መሸጫ

floricultura

የሸቀጣ ሸቀጥ መደብር

supermercado

ገበያ ስፍራ

mercado

መደብር

loja de departamentos

የዓሳ ነጋዴ

peixaria

የገበያ ማዕከል

centro comercial

ወደብ

porto

መናፈሻ ቦታ

parque

አግዳሚ ወንበር

banco

ድልድይ

ponte

ደረጃዎች

escadas

ዉስጥ ለዉስጥ

metrô

ዋሻ

túnel

የአዉቶቡስ ፌርማታ

ponto de ônibus

ባር

bar

ምግብ ቤት

restaurante

የፖስታ ሳጥን

caixa de correspondência

የመንገድ ምልክት

placa de rua

የመኪና ማቆሚያ ሒሳብ የሚያሰላ ማሽን

parquímetro

የደር እንስሳት ማቆያ

zoológico

የመዋኛ ገንዳ

piscina

መስጊድ

mesquita

እርሻ

fazenda

የሚበክል ነገር

poluição

ቃብር ስፍራ

cemitério

ቤተ ክርስቲያን

igreja

ጫወቻ ሜዳ

parquinho

ቤተ ቅደስ

templo

መልከዓምድር

paisagem

ቅጠል
folha

የ ነገድ ላይ ምልክት
placa de sinalização

ነገድ
caminho

አረንጓዴ ስክ
gramado

ድንጋይ
pedra

በእግሩ የሚጓዝ
caminhantes

ዛፍ
árvore

ወንዝ
rio

ሳር
grama

አበባ
flor

ሸለቆ

vale

ኮረብታ

montanha

ሀይቅ

lago

ጫካ

floresta

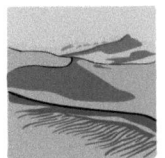

በረሃ

deserto

እሳተ ገሞራ

vulcão

ግምብ

castelo

ቀስተ ዳመና

arco-íris

እንጉዳይ

cogumelo

የቴምብር ዛፍ/ ዘንባባ

palmeira

ቢንቢ/ የወባ ትንኝ

mosquito

በራሪ

mosca

ጉንዳን

formiga

ንብ

abelha

ሸረሪት

aranha

ጢንዚዛ
....
besouro

እንቁራሪት
....
sapo

ሽኮኮ
....
esquilo

ጃርት
....
ouriço

ጥንቸል
....
lebre

ጉጉት ወፍ
....
coruja

ወፍ
....
pássaro

የዉሃ ዳክዬ
....
cisne

ከርከሮ
....
javali

አጋዘን
....
veado

አጋዘን
....
alce

ግድብ
....
barragem

በነፋስ የሚሽከረከር
....
aerogerador

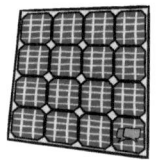

የፀሀይ ፓኔሎ
....
painel solar

አየር ንብረት
....
clima

አስተናጋጅ
garçom

ማዉጫ
menu

ወንበር
cadeira

ሾርባ
sopa

ፒዛ
pizza

መክተፊያ
talheres

የጠረጴዛ ጨርቅ
toalha de mesa

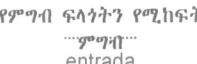

የምግብ ፍላጎትን የሚከፍት
···ምግብ···
entrada

ዋና ምግብ
prato principal

ማጣጣሚያ ተከታይ ምግብ
sobremesa

መጠጦች
bebidas

ምግብ
comida

ጠርሙስ
garrafa

ፈጣን ምግብ

fastfood

የመንገድ ምግብ

comida de rua

የሻይ ማንቆርቆሪያ

bule de chá

የስኳር እቃ

açucareiro

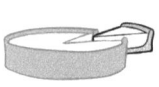

ድርሻ

porção

የቡና ማፊያ ማሽን

máquina de expresso

ባለጌ ወንበር

cadeirão

የክፍያ ደረሰኝ

conta

ትሪ

bandeja

ቢላዋ

faca

ሹካ

garfo

ማንኪያ

colher

የሻይ ማንኪያ

colher de chá

ልብስ ምግብ እንዳይነካ የሚረዳ ጨርቅ

guardanapo

ብርጭቆ

copo

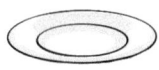

ዝርግ ሰሀን

....

prato

የሾርባ ጎድጓዳ ሰሀን

....

prato de sopa

የስኒ ማስቀመጫ

....

pires

ማጣፈጫ ስጎ

....

molho

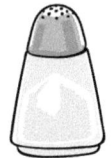

የጨዉ እቃ

....

saleiro

የተፈጨ ቃሪያ

....

moedor de pimenta

ኮምጣጤ

....

vinagre

የምግብ ዘይት

....

óleo

ቀመማ ቅመሞች

....

especiarias

የቲማቲም ድልህ

....

ketchup

ሰናፍጭ

....

mostarda

ማዮኒዝ

....

maionese

የሸቀጣ ሸቀጥ መደብር

supermercado

ልዩ አቅራቦት
oferta especial
FOR
ደምበኛ
cliente
የወተት ተዋፅዖ
laticínios
ፍራፍሬ
frutas
ባለ ጎማ የእጅ ጋሪ
carrinho de compras

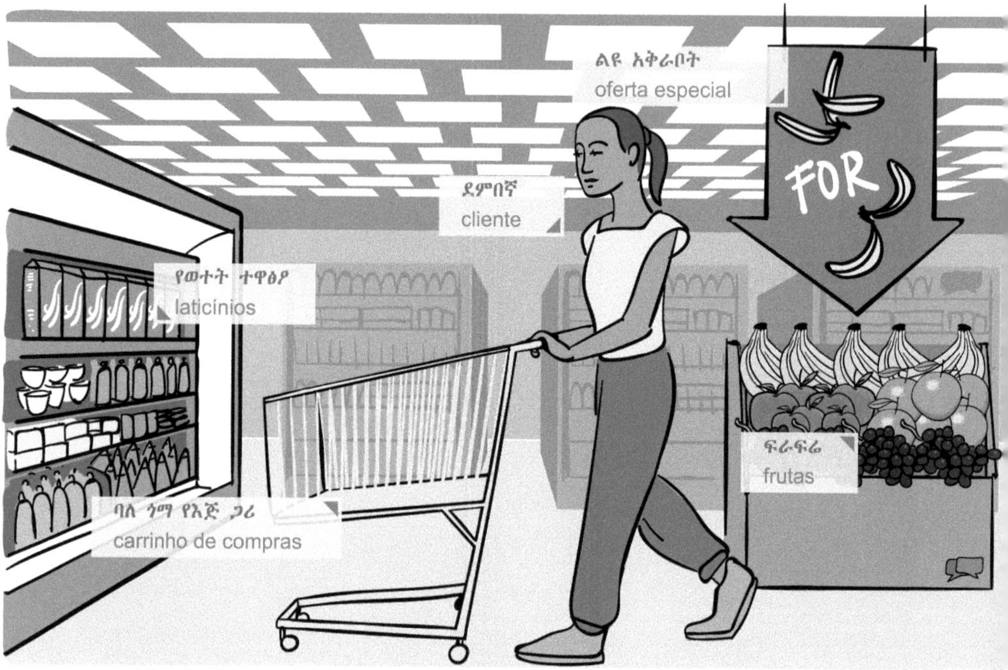

ሉካንዳ ነጋዴ

açougue

መጋገርያ

padaria

ክብደት መመዘን

pesar

ቅጠላ ቅጠል አትክልት

legumes

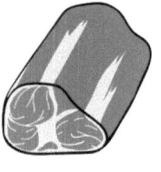

ስጋ

carne

የቀዘቀዘ/የረጋ ምግብ

congelados

ቀዝቃዛ ቁራጭ

charcutaria

የታሸገ ምግብ

conservas

የማጠቢያ ዱቄት

detergente em pó

ጣፋጮች

doces

የቤት ዉስጥ ዉጤቶች

artigos domésticos

የፅዳት ምርቶች

produtos de limpeza

የሽያጭ ባለሙያ

vendedora

የገንዘብ መመዝቢያ ማሽን

caixa

የሒሳብ ሰራተኛ

caixa

የግዢ ዝርዝር

lista de compras

ክፍት ሰዓታት

horário de funcionamento

የኪስ ቦርሳ

carteira

ክሬዲት ካርድ

cartão de crédito

ቦርሳ

sacola

የፕላስቲክ ቦርሳ

saco plástico

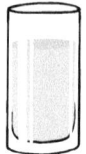

መጠጦች

bebidas

ውሃ

água

ጭማቂ

suco

ወተት

leite

ኮካ-ኮላ

coca-cola

ወይን

vinho

ቢራ

cerveja

አልኮል

álcool

ኮካ

cacau

ሻይ

chá

ቡና

café

የተፈላ ቡና

expresso

ካፑቺኖ

cappuccino

ምግብ

comida

ሙዝ

banana

ፖም

maçã

ብርቱካን

laranja

ሀብሀብ

melão

ሎሚ

limão

ካሮት

cenoura

ነጭ ሽንኩርት

alho

ሸምበቆ

bambu

ቀይ ሽንኩርት

cebola

እንጉዳይ

cogumelo

ለዉዝ

nozes

የህፃናት ምግብ

macarrão

ፓስታ

espaguete

ሩዝ

arroz

ሰላጣ

salada

የድንች ጥብስ

batatas fritas

ድንች ጥብስ

batatas frias

ፒዛ

pizza

ዳቦ ዉስጥ በስሱ ተጠብሶ የገባ ስጋ

hambúrger

ሳንድዊች

sanduíche

ጥሬ ስጋ

escalope

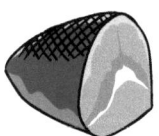

የአሳማ ስጋ

presunto

በቅመምና በጨዉ የታሸ ምግብ ቀዝቅዞ የሚበላ ሾርባ ምግብ

salame

ቋሊማ

salsicha

ዶሮ

galinha

ጥብስ

assado

አሳ

peixe

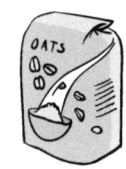

የአጃ ገንፎ

flocos de aveia

ከወተት ጋር ተደባልቀዉ የሚበሉ ምግቦች

granola

የበቆሎ ቅርፊት

flocos de milho

ዱቄት

farinha

ኩራሳ

croissant

ድብልብል ዳቦ

pãozinho

ዳቦ

pão

መጥበስ

torrada

ብስኩት

biscoitos

ቅቤ

manteiga

እርጎ

requeijão

ኬክ

bolo

እንቁላል

ovo

እንቁላል ጥብስ

ovo frito

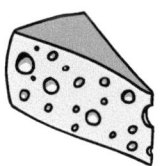

አይብ

queijo

የበረዶ ክሬም
sorvete

ስኳር
açúcar

ማር
mel

ማርማላት
geleia

የተናጠ የወተት ክሬም
creme de avelãs

ማጣፈጫ
curry

fazenda

የገበሬ ቤት
casa de fazenda
የእህልና የከብት ማቀመጫ ቤት
celeiro
የጭድ ክምር
fardo de palha
ሜዳ
campo
ፈረስ
cavalo
ተሳቢ መኪና
reboque
የፈረስ ዉርንጭላ
potro
የእርሻ መኪና
trator
አህያ
burro
በግ
ovelha
የበግ ጠቦት
cordeiro

ፍየል
cabra

ላም
vaca

ጥጃ
bezerro

አሳማ
porco

ግልገል አሳማ
leitão

ኮርማ
touro

እርሻ - fazenda 27

ዝይ

ganso

ዳክዬ

pato

የዶሮ ጫጩት

pintinho

ዶሮ

galinha

አዉራ ዶሮ

galo

አይጥ

ratazana

ደድመት

gato

አይጥ

camundongo

በሬ

boi

ዉሻ

cachorro

የዉሻ ቤት

casinha do cachorro

የአትክልት ቦታ

mangueira de jardim

ዉሃ ማጠጫ ባልዲ

regador

ረጅም ማጭድ

foice

ማረሻ

arado

ማጭድ
foice

መኮትኮቻ
enxada

የእህል መንሽ
forquilha

መጥረቢያ
machado

ኩርኩር/ የእጅ ጋሪ
carrinho de mão

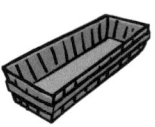

ገንዳ
manjedoura

የወተት ዕቃ
jarra de leite

ጆንያ ከረጢት
saco

አጥር
cerca

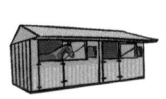

የፈረስ ጋጣ
estábulo

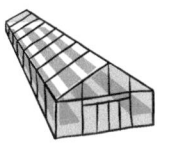

ዕፅዋት ማሳደጊያ የመስታዉት ቤት
estufa

አፈር
solo

ዘር
semente

የመሬት ማዳበሪያ
fertilizante

ጥምር ማረሻ
colheitadeira

አዝመራ መሰብሰብ

colher

አዝመራ

colheita

ድንች

inhame

ስንዴ

trigo

ሶያ

soja

ድንች

batata

በቆሎ

milho

የከብት መኖ

colza

የፍሬ ዛፍ

árvore frutífera

የካሳቫ ዛፍ

mandioca

እህል

cereais

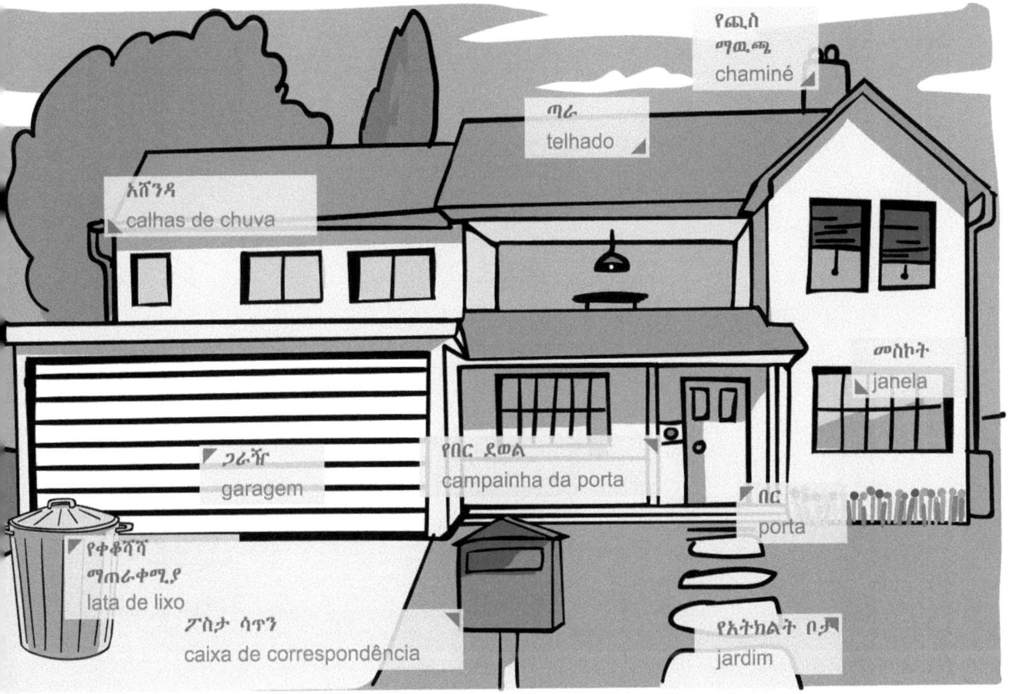

የጭስ ማዉጫ
chaminé

ጣራ
telhado

አሽንዳ
calhas de chuva

መስኮት
janela

ጋራዥ
garagem

የበር ደወል
campainha da porta

በር
porta

የቀቆሻሻ ማጠራቀሚያ
lata de lixo

ፖስታ ሳጥን
caixa de correspondência

የአትክልት ቦታ
jardim

ሳሎን
sala de estar

መታጠቢያ ቤት
banheiro

ማድቤት
cozinha

መኝታ ቤት
quarto de dormir

የልጅ ክፍል
quarto de criança

መመገቢያ ክፍል
sala de jantar

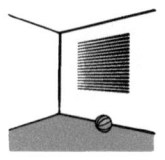

ወለል

chão

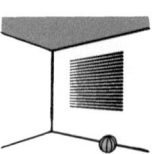

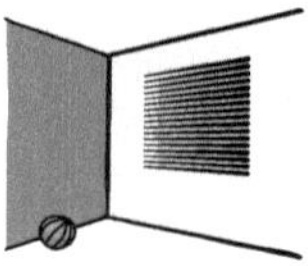

ግድግዳ

parede

ጣሪያ

teto

ምድር ቤት

porão

በእንፋሎት ሙቀት መታጠቢያ ቤት

sauna

ሰገነት

varanda

ከፍ ያለ መደብ

terraço

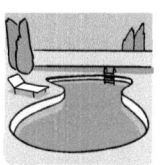

የመዋኛ ገንዳ

piscina

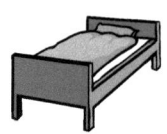

የማጨጃ መኪና

cortador de grama

አንሶላ

lençol

የአልጋ ልብስ

coberta

አልጋ

cama

መጥረጊያ

vassoura

ባልዲ

balde

ማብሪያና ማጥፊያ

interruptor

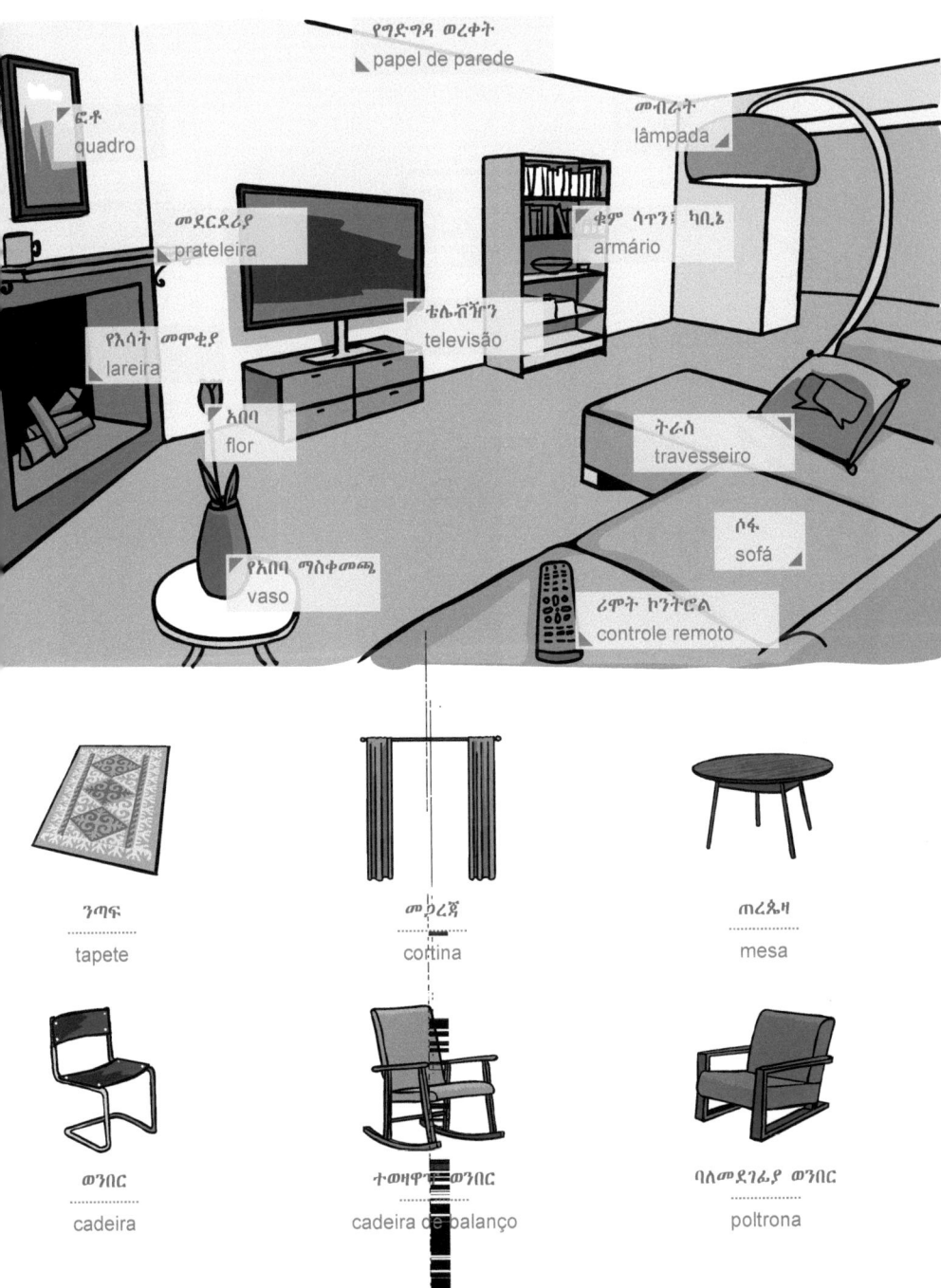

የግድግዳ ወረቀት
papel de parede

ፎቶ
quadro

መብራት
lâmpada

መደርደሪያ
prateleira

ቁም ሳጥን፣ ካቢኔ
armário

የእሳት መሞቂያ
lareira

ቴሌቪዥን
televisão

አበባ
flor

ትራስ
travesseiro

ሶፋ
sofá

የአበባ ማስቀመጫ
vaso

ሪሞት ኮንትሮል
controle remoto

ንጣፍ
tapete

መጋረጃ
cortina

ጠረጴዛ
mesa

ወንበር
cadeira

ተወዛዋዥ ወንበር
cadeira de balanço

ባለመደገፊያ ወንበር
poltrona

መጽሐፍ

livro

ብርድ ልብስ

cobertor

ጌጥ

decoração

ማገዶ

lenha

ፊልም

filme

የሙዚቃ መማጫወቻ

equipamento de som

ቁልፍ

chave

ጋዜጣ

jornal

ስዕል

pintura

የተለጠፈ ማስታወቂያ እንደ ስዕል

pôster

ራዲዮ

rádio

ማስታወሻ ደብተር

bloco de notas

የአየር ማፅጃ ለምንጣፍ

aspirador

ቁልቋል

cacto

ሻማ

vela

ማድቤት

cozinha

ማቀዝቀዣ
geladeira
ማይክሮዌቭ ምግብ ማብሰያ
microondas
የኩሽና መመዘኛ ሚዛን
balança de cozinha
ዳቦ መጥበሻ
tostadeira
ንፁህ ማድረጊያ
detergente
ምድጃ
forno
ማቀዝቀዣ
freezer
የቆሻሻ ማጠራቀሚያ
lata de lixo
እቃ ማጠቢያ
lava-louças

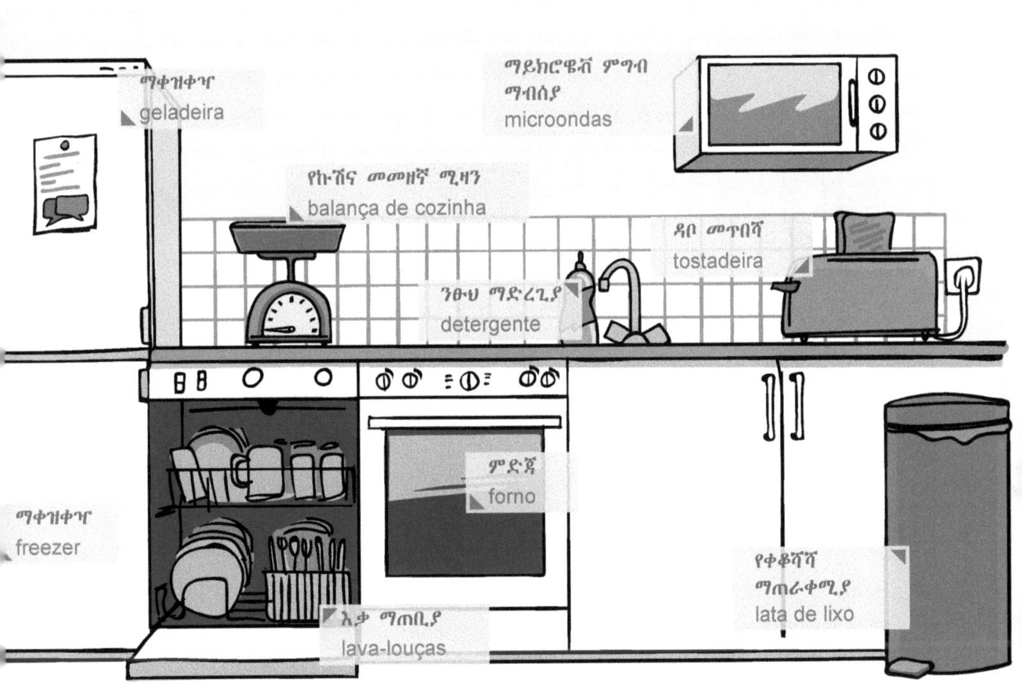

ምግብ አብሳይ

fogão

ማሰሮ

panela

የብረት ማሰሮ

panela de ferro

ምግብ ማብሰያ ዝርግ ድስት

wok / kadai

የምግብ መጥበሻ

frigideira

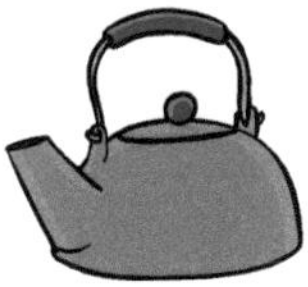

ማንቆርቆሪያ

chaleira

የእንፋሎት ማብሰያ

panela a vapor

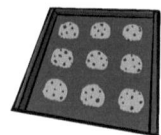

የመጋገሪያ ትሪ

tabuleiro de forno

ሰብስቦች

louça

ትልቅ ኩባያ

caneca

ጎድጓዳ ሳህን

caçarola

ቾፕስቲክስ

hashi

ጭልፋ

concha de sopa

መሰቅሰቂያ ዝርግ ማንኪያ

espátula

ማደባለቂያ

batedor

መወጠሪያ

escorredor

ወንፊት

peneira

መፈርፈሪያ መሳሪያ

ralador

ሲሚንቶ

almofariz

የፍም ጥብስ

churrasqueira

የተለቀቀ እሳት

lareira

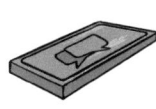

መክተፊያ

tábua de cortar

ተንሸራታች መርፌ

rolo da massa

የጠርሙስ መክፈቻ

saca-rolhas

ጣሳ

lata

የጣሳ መክፈቻ

abridor de latas

የማሰሮ መሸፈኛ

pegador de panela

ሳህን ማጠቢያ

pia

ብሩሽ

escova

ስፖንጅ

esponja

መደባለቂያ መሳሪያ

liquidificador

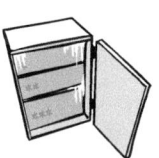

በጣም ማቀዝቀዣ

congelador

ጡጦ

mamadeira

ቧንቧ

torneira

መታጠቢያ ቤት
banheiro

ማሞቂያ
aquecimento
መታጠቢያ
ducha
ፎጣ
toalha
የመታጠቢያ ቤት መጋረጃ
cortina de chuveiro
የአረፋ መታጠቢያ
banho de espuma
የመታጠቢያ ገንዳ
banheira
ብርጭቆ
copo
የልብስ ማጠቢያ
lava-roupa
ቧንቧ
torneira
ማዕዘን ወለል
azulejos
penico
ሳህን ማጠቢያ
pia

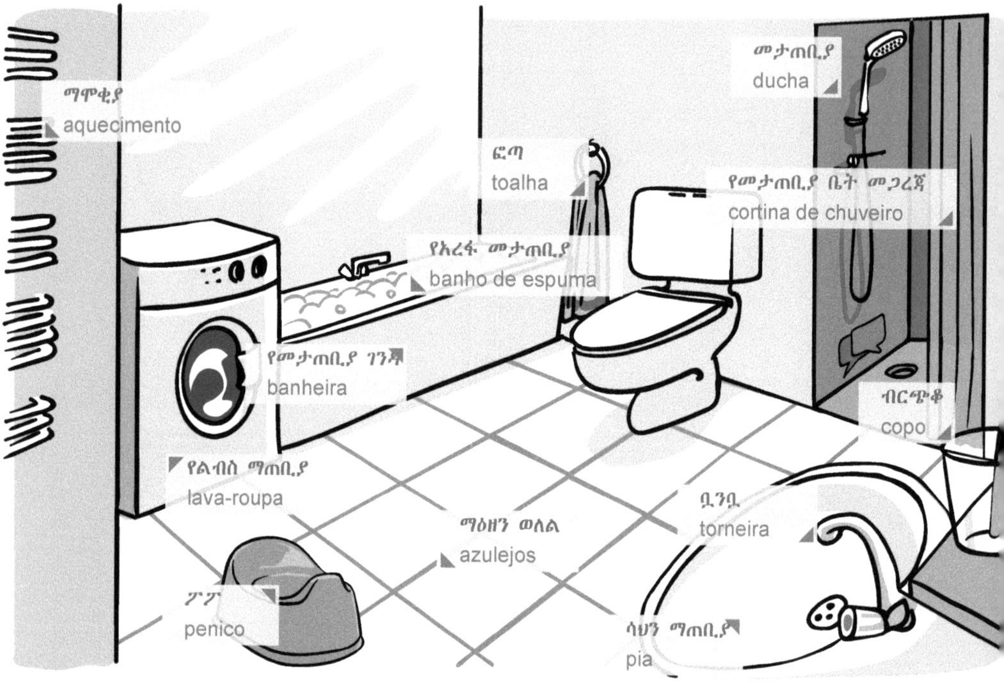

ሽንት ቤት

vaso sanitário

የሽንት ቤት መቀመጫ

lavabo de agachar

ሳፋ

bidê

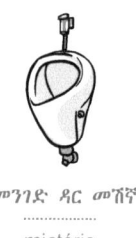

የመንገድ ዳር መሽኛ

mictório

የሽንት ቤት ወረቀት

papel higiênico

የሽንት ቤት ማፅጃ ብሩሽ

escova de privada

38 መታጠቢያ ቤት - banheiro

የጥርስ ብሩሽ

escova de dentes

የጥርስ ሳሙና

pasta de dentes

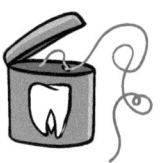

የጥርስ ማፅጃ ክር

fio dental

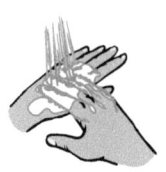

መታጠብ

lavar

የእጅ መታጠቢያ

ducha de mão

መታጠቢያ

ducha íntima

ጎድጓዳ ሳህን

bacia

የጀርባ ብሩሽ

escova para as costas

ሳሙና

sabonete

ታጠቢያ የሚዝለገለግ ሳሙና

gel de banho

የፀጉር መታጠቢያ ሳሙና

xampu

ለስላሳ ጨርቅ

toalha de rosto

ፍሳሽ

escoamento

ክሬም

creme

ጠረን መቀየሪያ ንጥረ ነገር

desodorante

መስታወት

espelho

የእጅ መስታወት

espelho de mão

ምላጭ

barbeador

የመላጫ አረፋ

espuma de barbear

ከመላጨት በኋላ የሚቀባ ሽቱ

loção pós-barba

ማበጠሪያ

pente

ብሩሽ

escova

የፀጉር ማድረቂያ

secador de cabelo

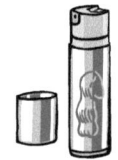

በፀጉር ላይ የሚነፋ

spray de cabelo

የፊት መቀባቢያ

maquiagem

የከንፈር ቀለም

batom

የጥፍር ቀለም

esmalte de unhas

የጥጥ ሱፍ

algodão

ጥፍር መቁረጫ

tesoura para unhas

ሽቶ

perfume

ማጠቢያ ባልዲ

nécessaire

መቀመጫ

banquinho

ሚዛን

balança

የመታጠቢያ ልብስ

roupão de banho

የላስቲክ ጓንት

luvas de borracha

ሞዴስ

absorvente interno

የፅዳት ፎጣ

absorvente íntimo

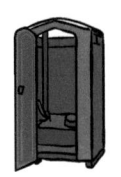

የሽንት ቤት ኬሚካል

banheiro químico

የልጅ ክፍል
quarto de criança

የማንቂያ ደዉል ሰዐት
despertador
የህፃን አሻንጉሊት
boneco de pelúcia
የመጫወቻ መኪና
carrinho de brinquedo
ማንገጫገጫ መጫወቻ
chacoalho
የአሻንጉሊት ቤት
casa de bonecas
ስጦታ
presente

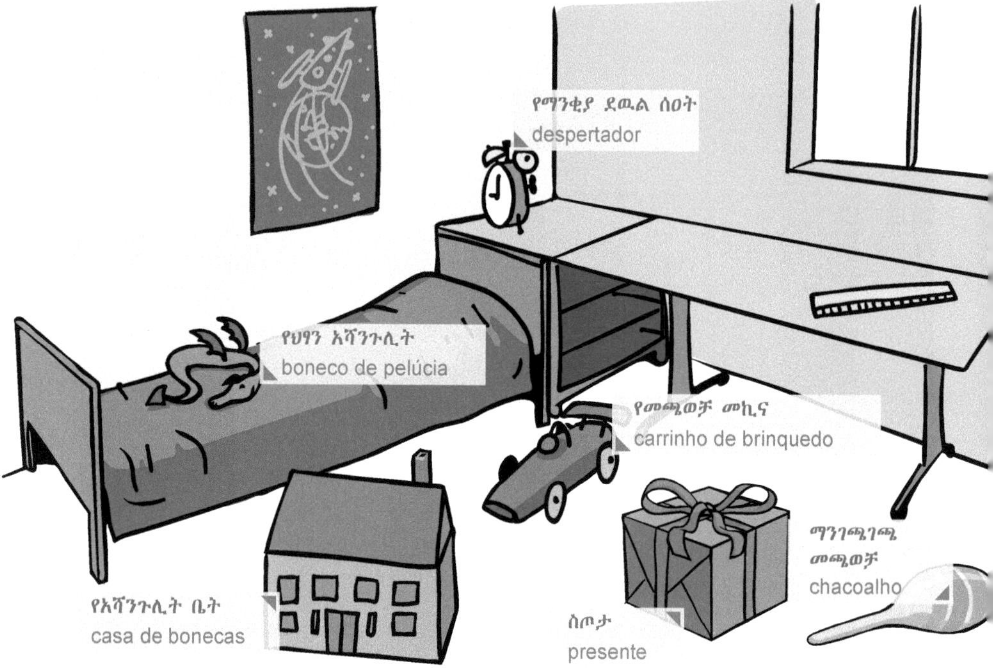

ፊኛ

balão

አልጋ

cama

የህፃን ማንሸራሸሪያ ጋሪ

carrinho de bebê

የካርታ መጫወቻ

jogo de cartas

ቁርጥራጭ ምስሎችን የማገጣጠም እና ምስል የማግኘት ጨዋታ

quebra-cabeças

አዝናኝ

revista de quadrinhos

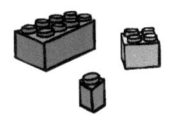

ተገጣጣሚ መጫወቻ

....

peças de Lego

የመጫወቻ መገጣጠሚያዎች

....

blocos de construção

የድርጊት ምስል

....

figura de ação

የህፃን እድገት

....

macaquinho de bebê

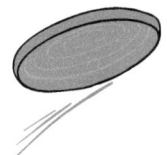

የፕላስቲክ መጫወቻ ዝርግ ሰሀን

....

frisbee

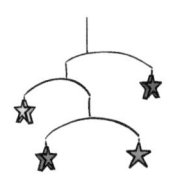

ተወዛዋዥ የህፃን ማጫወቻ

....

móbile para bebé

የሰሌዳ ጨዋታ

....

jogo de tabuleiro

የመጫወቻ ጠጠር

....

dados

የመጫወቻ ባቡር

....

trenzinho elétrico

የእንጀራ እናት ጡጦ

....

chupeta

ድግስ

....

festa

የስዕል መፅሀፍ

....

livro ilustrado

ኳስ

....

bola

አሻንጉሊት

....

boneca

መጫወት

....

brincar

የአሸዋ መጫወቻ

caixa de areia

ዥዋዥዌ

balanço

መጫወቻዎች

brinquedos

የቪዲዮ መጫወቻ

videogame

ባለ ሶስት ጎማ ብስክሌት

triciclo

የአሻንጉሊት ድብ

ursinho de pelúcia

ቁምሳጥን

guarda-roupa

አልባሳት

vestuário

ካልሲዎች

meias

ስቶኪንጎች

meias pelo joelho

ታይት

meias-calças

የአንገት ልብስ
cachecol
guarda-chuva
ቀበቶ
cinto
ከናቴራ
camiseta
ቦቲ
botas
የቤት ዉስጥ ነጠላ ጫማ
chinelos
ስኒከሮች
tênis

ነጠላ ጫማዎች

sandálias

ጫማዎች

sapatos

የዝናብ ቡትስ

botas de borracha

ሙታንታ

roupa de baixo

ጡት መያዣ

sutiã

ሰደርያ

camiseta de baixo

ሰዉነት

body

ሱሪዎች

calças

ጅንስ

jeans

ጉርድ ቀሚስ

saia

ሸሚዝ

blusa

ሸሚዝ

camisa

የሚጠለቅ ሹራብ

pulôver

ሹራብ

suéter com capuz

ዩኒፎርም ጃኬት

blazer

ጃኬት

jaqueta

ኮት

casaco

የዝናብ ኮት

gabardine

ልብስ

traje

ቀሚስ

vestido

የሙሽራ ቀሚስ

vestido de casamento

አልባሳት - vestuário

ሱፍ

terno

የለሊት ልብስ

camisola

የለሊት ልብስ

pijama

ረጅም ቀሚስ

sari

ሂጃብ

lenço de cabeça

ጥምጣም

turbante

ቡርቃ

burca

ሸርጥ

cafetã

አባያ

abaya

የዋና ልብስ

maiô

አጭር ቁምጣ

sunga

ቁምጣዎች

shorts

የስራ ቱታ

roupa de treino

ሸርጥ

avental

ጓንት

luvas

ቁልፍ

botão

መነፅር

óculos

አምባር

pulseira

የአንገት ሀብል

colar

ቀለበት

anel

የጆሮ ጌጥ

brinco

ኮፍያ

boné

የኮት መስቀያ

cabide

ኮፍያ

chapéu

ከረቫት

gravata

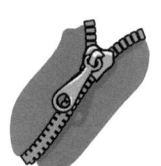

ዚፕ

zíper

የብረት ቆብ

capacete

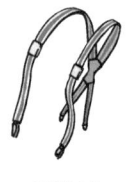

መደገፊያ

suspensórios

የትምህርት ቤት የደንብ ልብስ

uniforme escolar

የደንብ ልብስ

uniforme

መሃረብ

babador

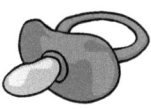

የእንጀራ እናት ጡጦ

chupeta

ሽንት ጨርቅ

fralda

ቢሮ

escritório

ማሰራጫ ጣቢያ
servidor
የፋይል መደርደሪያ ካቢኔ
armário de arquivos
የህትመት መሳሪያ
impressora
ወረቀት
papel
መቆጣጠሪያ
monitor
mouse
መፃፊያ ጠረጴዛ
escrivaninha
ማህደር
pasta
የመፃፊ ቁልፎች
teclado
ወንበር
cadeira
የቆሻሻ ወረቀት መጣያ ቅርጫት
cesto de lixo
ኮምፒዉተር
computador

የቡና መጠጫ ትልቅ ኩባያ

xícara de café

ማስልያ ማሽን

calculadora

ኢንተርኔት

internet

ቢሮ - escritório

ላፕቶፕ

laptop

ደብዳቤ

carta

መልዕክት

mensagem

ተንቀሳቃሽ ስልክ

celular

የግንኙነት አዉታር

rede

ማባዣ ማሽን

copiadora

ሶፍትዌር

software

ስልክ

telefone

የግድግዳ ሶኬት

tomada

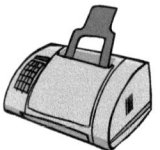

የፋክስ ማሽን

fax

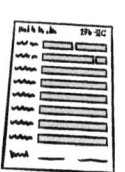

ቅፅ

formulário

ሰነድ

documento

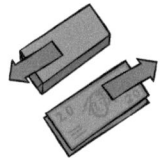

መግዛት

comprar

መክፈል

pagar

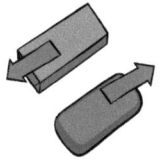

መነገድ

negociar

ገንዘብ

dinheiro

USD

ዶላር

Dólar

EUR

ዩሮ

Euro

JPY

የን

Yen

RUB

ሩብል

rublo

CHF

የስዊዝ ፍራንክ

franco suíço

CNY

ሬንሚንቢ ዩዋን

renminbi yuan

ሩጲ

rupia

የገንዘብ ነጥብ

caixa eletrônico

የዉጭ ገንዘብ ምንዛሪ ቢሮ

casa de câmbio

ወርቅ

ouro

ብር

prata

ዘይት

petróleo

ሀይል፤ ጉልበት

energia

ዋጋ

preço

ግንኙነት

contrato

ቀረጥ

imposto

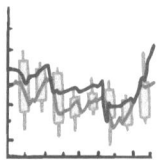

አክስዮን

ação

መስራት

trabalhar

ተቀጣሪ

empregado

ቀጣሪ

empregador

ፋብሪካ

fábrica

ሱቅ

loja

የስራ ሙያዎች
profissões

የፖሊስ አዛዥ
policial
የእሳት አደጋ ሰራተኛ
bombeiro
ምግብ አብሳይ
cozinheiro
ዶክተር
médico
አብራሪ
piloto

አትክልተኛ

jardineiro

አናጢ

marceneiro

ልብስ ሰፊ ሴት

costureira

ዳኛ

juiz

ቀማሚ

químico

ተዋናይ

ator

የአዉቶቢስ ሹፌር

....

motorista de ônibus

የታክሲ ሹፌር

....

motorista de táxi

አሳ አጥማጅ

....

pescador

ፅዳት ሰራተኛ

....

faxineira

የጣራ ሰራተኛ

....

telhador

አስተናጋጅ

....

garçom

አዳኝ

....

caçador

ሰዓሊ

....

pintor

ጋጋሪ

....

padeiro

የኤሌትሪክ ሰራተኛ

....

eletricista

ገምቢ

....

construtor

መሃነዲስ

....

engenheiro

ልኳንዳ

....

açougueiro

የቧንቧ ሰራተኛ

....

encanador

የፖስታ ሰራተኛ

....

carteiro

ወታደር

soldado

መሃንዲስ

arquiteto

የሒሳብ ሰራተኛ

caixa

አበባ ሻጭ

florista

የፀጉር ሰራተኛ

cabelereiro

ቲኬት ቆራጭ

condutor

መካኒክ

mecânico

ካፒቴን

capitão

የጥርስ ሐኪም

dentista

ተመራማሪ

cientista

መምህር

rabino

የሙስሊም ሃይማኖታዊ መሪ

imam

መነኩሴ

monge

ካህን

pastor

መሳሪያዎች

ferramentas

መዶሻ
martelo
ተቆላፊ ጉጠት
alicate
መፍቻ
chave de fenda
የመሳሪ መፍቻ
chave inglesa
ባትሪ
lanterna

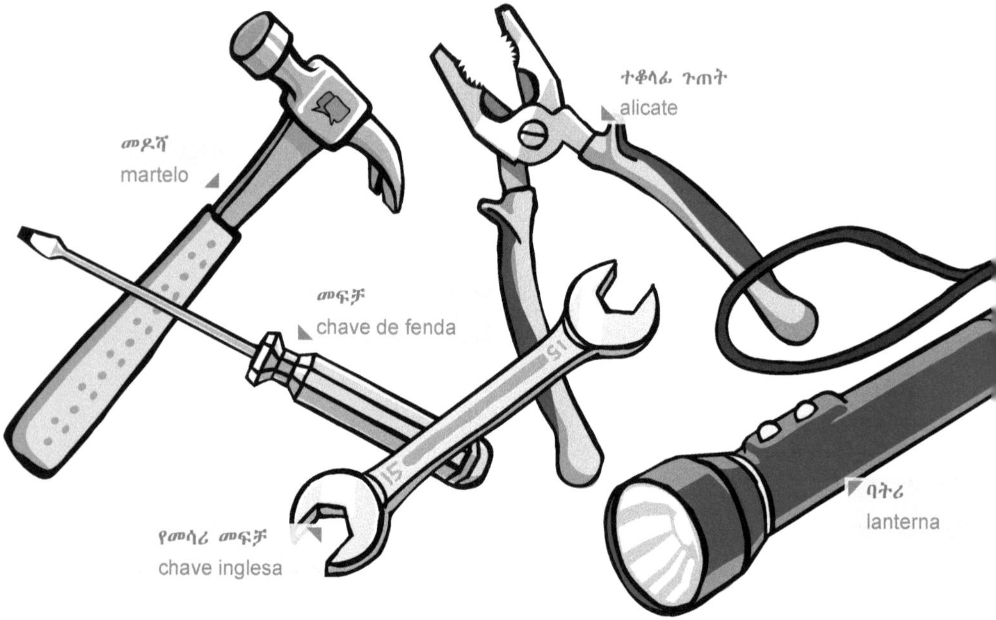

በቁፋሮ የሚዝቅ

escavadora

የመፍቻ ሳጥን

caixa de ferramentas

መሰላል

escada de mão

መጋዝ

serra

ምስማር

pregos

መሰርሰሪያ

furadeira

መጠገን
....
consertar

አካፋ
....
pá

የተረገመ!
....
Droga!

ቆሻሻ ማፈሻ
....
pá de lixo

የቀለም ቆርቆሮ
....
pote de tinta

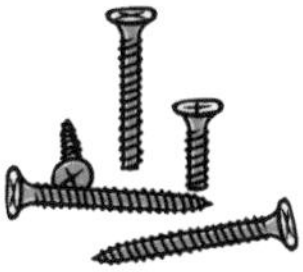

ብሎን
....
parafusos

የሙዚቃ መሳሪያዎች

instrumentos musicais

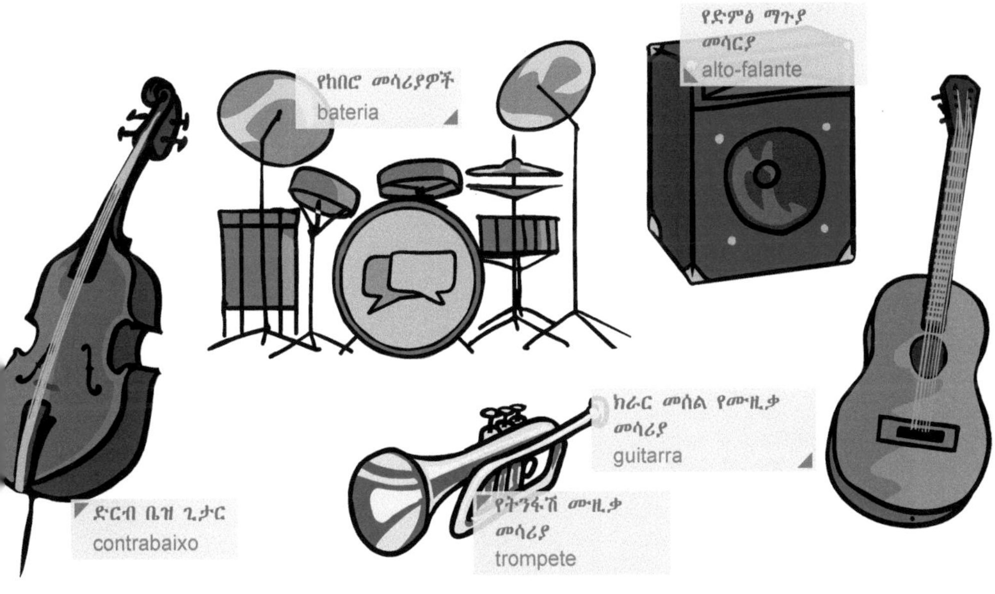

የከበሮ መሳሪያዎች
bateria

የድምፅ ማጉያ
መሳርያ
alto-falante

ክራር መሰል የሙዚቃ
መሳሪያ
guitarra

የትንፋሽ ሙዚቃ
መሳሪያ
trompete

ድርብ ቤዝ ጊታር
contrabaixo

ፒያኖ

piano

ቫዮሊን

violino

ወፍራም፣ ጎርናና ድምፅ ያለዉ
ክራር መሰል ሙዚቃ መሳሪያ

baixo

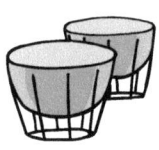

ነጋሪት

timbales

ከበሮ

tambor

በኤሌክትሪክ የሚሰራ ፒኖ

teclado

የትንፋሽ ሙዚቃ መሳሪያ

saxofone

ዋሽንት

flauta

የድምፅ ጉያ

microfone

የሙዚቃ መሳሪያ ች - instrumentos musicais

ነብር
tigre

መግቢያ
entrada

ሳጥን
gaiola

የሜዳ አህያ
zebra

የእንስሳ ምግብ
ração animal

ትልቅ ድብ
panda

እንስሳቶች
animais

ዝሆን
elefante

ካንጋሮ
canguru

አዉራሪስ
rinoceronte

ትልቅ ዝንጀሮ
gorila

ድብ
urso

ግመል

camelo

ሰጎን

avestruz

አንበሳ

leão

ጦጣ

macaco

ቅልጥመ ረዥም ወፍ

flamingo

በቀቀን

papagaio

የወዋልታ ድብ

urso polar

የዋልታ ወፎች

pinguim

ረጅም ጥርሶች ያሉትአሳ ነባሪ

tubarão

ጣዎስ

pavão

እባብ

cobra

አዞ

crocodilo

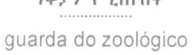

የዱር አራዊት የሚጠበቁበት
ማቆያን የሚጠብቅ

guarda do zoológico

አሳ በሊታ የባህር እንስሳ

foca

የዱር ድመት

jaguar

ድንክ ፈረስ

....

pônei

ነብር

....

leopardo

ጉማሬ

....

hipopótamo

ቀጭኔ

....

girafa

ንስር

....

águia

ከርከሮ

....

javali

አሳ

....

peixe

የባህር ኤሊ

....

tartaruga

የባህር አዉሬ

....

morsa

ቀበሮ

....

raposa

የሜዳ ፍየል፤ ሚዳቋ

....

gazela

የስፖርት አይነቶች

esportes

የአሜሪካ እግርኳስ
futebol americano
የብስክሌት ስፖርት
ciclismo
ቴኒስ
tênis
የቅርጫት ኳስ
basquete
ዋና
natação
የቡጢ ስፖርት
boxe
የበረዶ ላይ የገና ጨዋታ
hóquei no gelo

እግር ኳስ

futebol

የላባ ኳስ ጨዋታ

badminton

አትሌቲክስ

atletismo

የእጅ ኳስ ስፖርት

handebol

የበረዶ መንሸራተት ስፖርት

esqui

ፈረስ ግልቢያ

polo

እንቅስቃሴዎች

atividades

pular
ማቀፍ
abraçar
መሳቅ
rir
መራመድ
andar
መዘመር
cantar
ህልም ማለም
sonhar
መፀለይ
rezar
መሳም
beijar

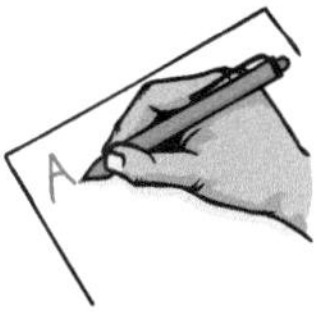

መፃፍ
escrever

መሳል
desenhar

ማሳየት
mostrar

መግፋት
empurrar

መስጠት
dar

መዉሰድ
tomar

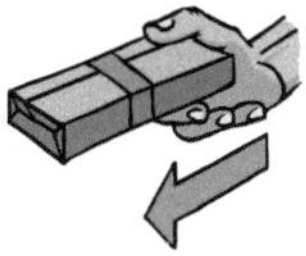

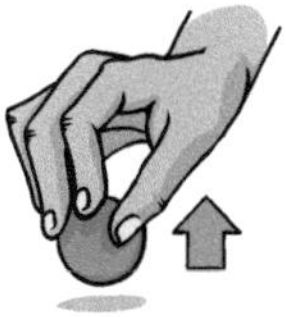

መያዝ

....

ter

ማድረግ

....

fazer

መሆን

....

ser

መቆም

....

ficar de pé

መሮጥ

....

correr

መሳብ

....

puxar

መወርወር

....

jogar

መውደቅ

....

cair

መዋሸት

....

deitar

መጠበቅ

....

esperar

መሸከም

....

carregar

መቀመጥ

....

sentar

መልበስ

....

vestir

መተኛት

....

dormir

መንቃት

....

despertar

መመልከት
....
olhar para

ማለልቀስ
....
chorar

መጫር
....
acariciar

ማበጠር
....
pentear

ማዉራት
....
falar

መረዳት
....
entender

ጥያቄ
....
perguntar

ማዳመጥ
....
ouvir

መጠጣት
....
beber

መብላት
....
comer

ማንፃት
....
arrumar

ማፍቀር
....
amar

ምግብ ማብሰል
....
cozinhar

መንዳት
....
dirigir

መብረር
....
voar

መርከብ መንዳት

velejar

ቁጥሮችን ማስላት

calcular

ማንበብ

ler

መማር

aprender

መስራት

trabalhar

ማግባት

casar

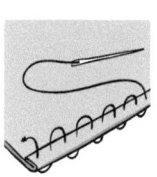

መስፋት

costurar

ጥርስ መቦረሽ

escovar os dentes

መግደል

matar

ማጨስ

fumar

መላክ

enviar

ሴት አያት
avó

ወንድ አያት
avô

አባት
pai

እናት
mãe

ህፃን
bebê

ሴት ልጅ
filha

ወንድ ልጅ
filho

እንግዳ

convidado

አክስት

tia

አጎት

tio

ወንድም

irmão

እህት

irmã

አካል

corpo

ግንባር
testa
አይን
olho
ትከሻ
ombro
ጣት
dedo
ፊት
rosto
አገጭ
queixo
እጅ
mão
ጡት
peito
እግር
perna
ክንድ
braço

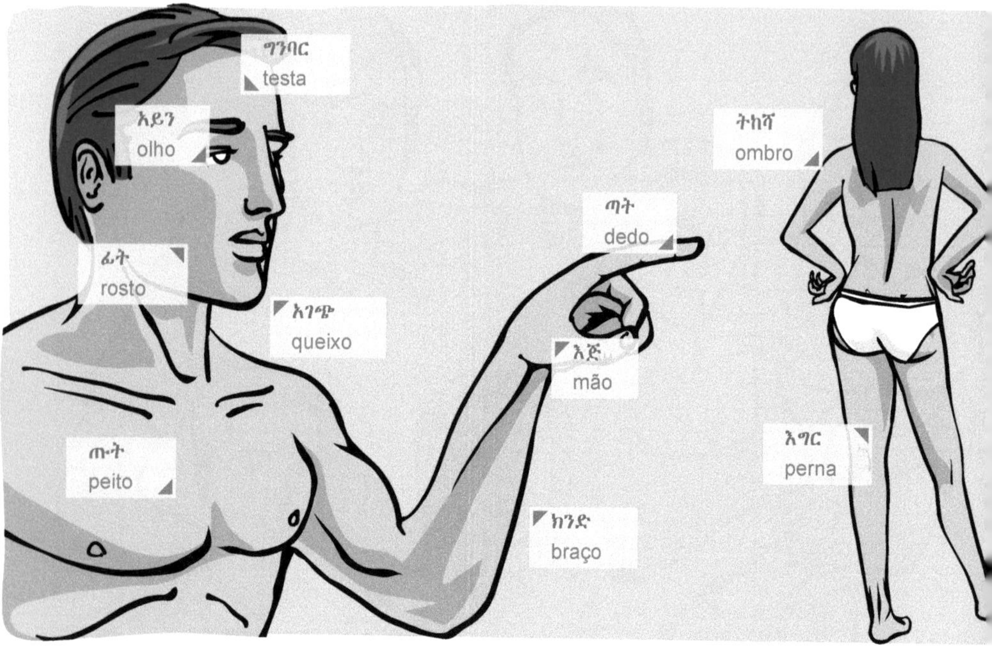

ህፃን

bebê

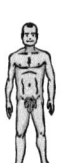

ሰዉ

homem

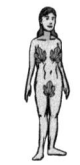

ሴት

mulher

ልጃገረድ

menina

ወንድ ልጅ

menino

ራስ

cabeça

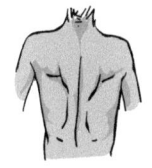

ጀርባ

costas

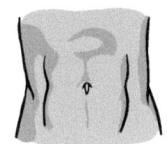

ሆድ

barriga

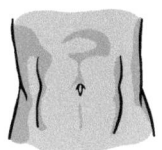

እምብርት

umbigo

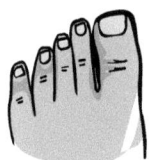

የእግር ጣት

dedo do pé

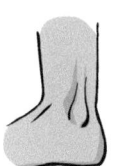

ተረከዝ

calcanhar

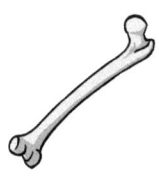

አጥንት

osso

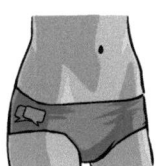

ዳሌ

anca

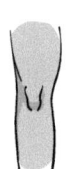

ጉልበት

joelho

ክርን

cotovelo

አፍንጫ

nariz

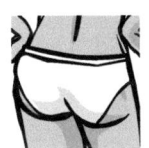

ቂጥ

nádegas

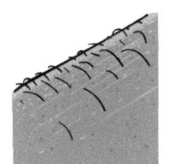

ቆዳ

pele

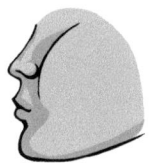

ጉንጭ

bochecha

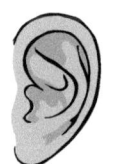

ጆሮ

orelha

ከንፈር

lábio

አፍ

boca

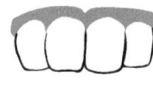

ጥርስ

dente

ምላስ

língua

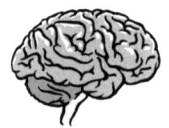

አንጎል

cérebro

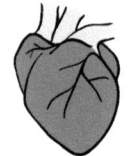

ልብ

coração

ጡንቻ

músculo

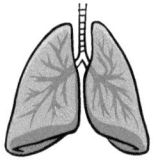

ምባ

pulmão

ጉበት

fígado

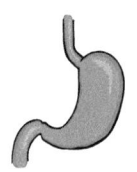

ሆድ

estômago

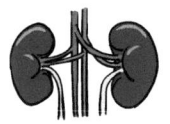

ኩላሊቶች

rins

የግብረስጋ ግንኙነት

relações sexuais

ኮንዶም

preservativo

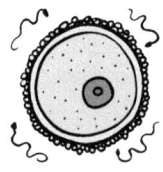

የሴት እንቁላል

óvulo

የዘር ፈ ሻ

esperma

እርግዝና

gravidez

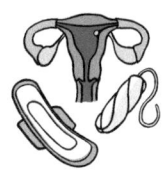

የወር አበባ

menstruação

እምስ

vagina

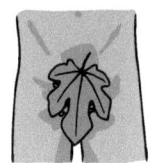

ቁላ

pênis

ቅንድብ

sobrancelha

ፀጉር

cabelo

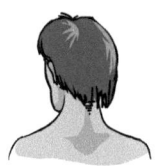

አንገት

pescoço

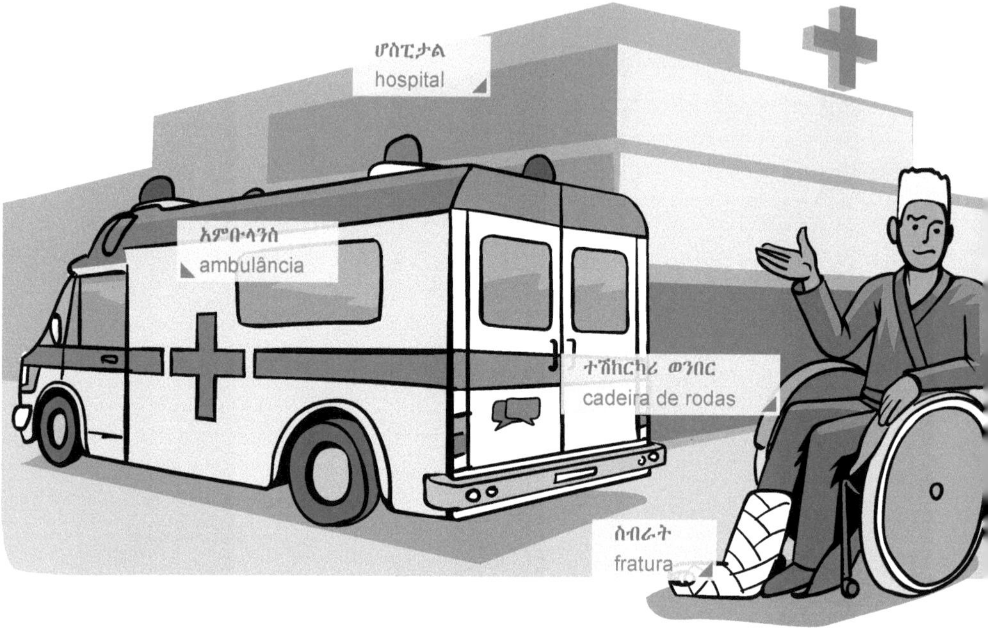

ሆስፒታል
hospital

አምቡላንስ
ambulância
ተሽከርካሪ ወንበር
cadeira de rodas
ስብራት
fratura

ዶክተር

médico

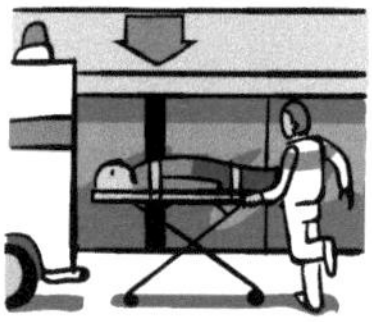

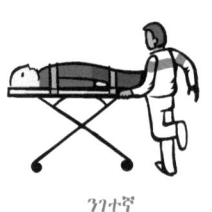

ንገተኛ ክፍል

pronto-socorro

ርስ

enfermeira

ንገተኛ

emergência

ራስን ሳት/ አለማወቅ

inconsciente

ህ ም

dor

ጉዳት

....

ferimento

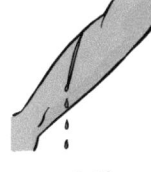

መድማት

....

hemorragia

የልብ ድካም

....

ataque cardíaco

ስትሮክ

....

cidente vacular cerebral

አለርጂ

....

alergia

ሳል

....

tosse

ትኩሳት

....

febre

ኢንፍሎዌንዛ

....

gripe

ተቅማጥ

....

diarreia

የራስ ምታት

....

dor de cabeça

ካንሰር

....

câncer

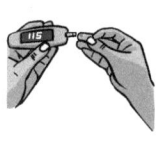

የስኳር በሽታ

....

diabetes

ቀዶ ጠጋኝ ሐኪም

....

cirurgião

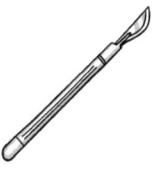

የቀዶ ጥገና ስለት

....

bisturi

ቀዶ ጥገና

....

operação

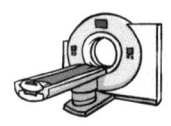

ሲቲ

CT

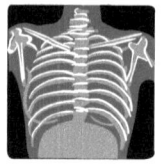

ኤክስሬዮ

raio x

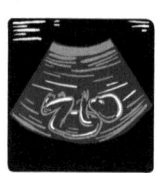

አልትራሳዉንድ

ultrassom

የፊት ጭምብል

máscara

በሽታ

doença

መጠበቂያ ክፍል

sala de espera

ምርኩዝ

muleta

የቁስል ማሸጊያ

bandeide

ፋሻ

ligadura

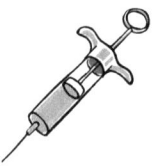

መርፌ

injeção

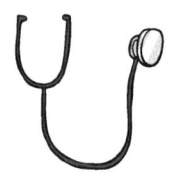

የልብ ምት ማዳመጫ መሳሪያ

estetoscópio

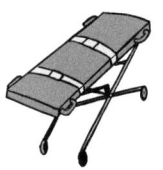

የበሽተኛ አልጋ

maca

የህክምና ሙቀት መለኪያ መሳሪያ

termômetro

መውለድ

nascimento

ከልክ ያለፈ ክብደት

excesso de peso

▪መስማት የሚረዳ መሳሪያ

aparelho auditivo

ፀረ ተባይ መድሀኒት

desinfetante

ማመርቀዝ

infecção

ቫይረስ

vírus

ኤች አይቪ ኤድስ

HIV / AIDS

ህክምና

medicamento

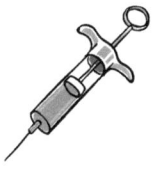

ክትባት

vacinação

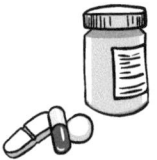

ኪኒን

comprimidos

ኪኒን

pílula

አስቸኳይ የስልክ ጥሪ

amada de emergência

ደም ግፊት መቆጣጠሪያ

dispositivo de medição de pressão arterial

ህመም/ ጤንነት

doente / saudável

ድንገተኛ

emergência

እርዳታ!

Socorro!

ማንቂያ ደወል

alarme

ጥቃት

assalto

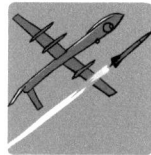

ድብደባ

ataque

አደጋ

perigo

የድንገተኛ መዉጫ

saída de emergência

እሳት!

Fogo!

እሳት ማጥፊያ

extintor de incêndios

አደጋ

acidente

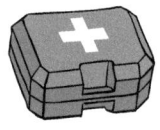

የመጀመሪያ እርዳታ መድሃኒት መያዣ

maleta de primeiros socorros

ነፍስ አድን

SOS

ፖሊስ

polícia

አዉሮፓ

Europa

ሰሜን አሜሪካ

América do Norte

ደቡብ አሜሪካ

América do Sul

አፍሪካ

África

እስያ

Ásia

አዉስ ራሊያ

Austrália

አ ላንቲክ

Atlântico

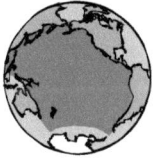

ፓስፊክ

Pacífico

የህንድ ዉቅያኖስ

Oceano Índico

አንታርክቲክ ዉቅያኖስ

Oceano Antártico

አርክቲክ ዉቅያኖስ

Oceano Ártico

ሰሜን ዋልታ

Polo Norte

ደቡብ ዋልታ
Polo Sul

አንታርክቲካ
Antártica

ምድር
Terra

መሬት
terra

ባህር
mar

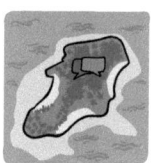

ደሴት
ilha

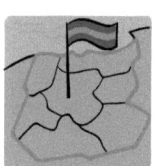

አገርና ህዝብ
nação

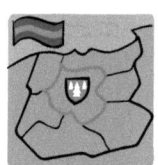

መንግስት
estado

ሰዓት

relógio

የሰዓት ገፅታ

mostrador do relógio

ሰዓት

ponteiro das horas

ደቂቃ

ponteiro dos minutos

ሴኮንድ

ponteiro dos segundos

ስንት ሰዓት ነው?

Que horas são?

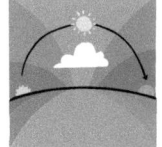

ቀን

dia

ጊዜ

tempo

አሁን

agora

የቁጥር ሰዐት

relógio digital

ደቂቃ

minuto

ሰዓታት

hora

semana

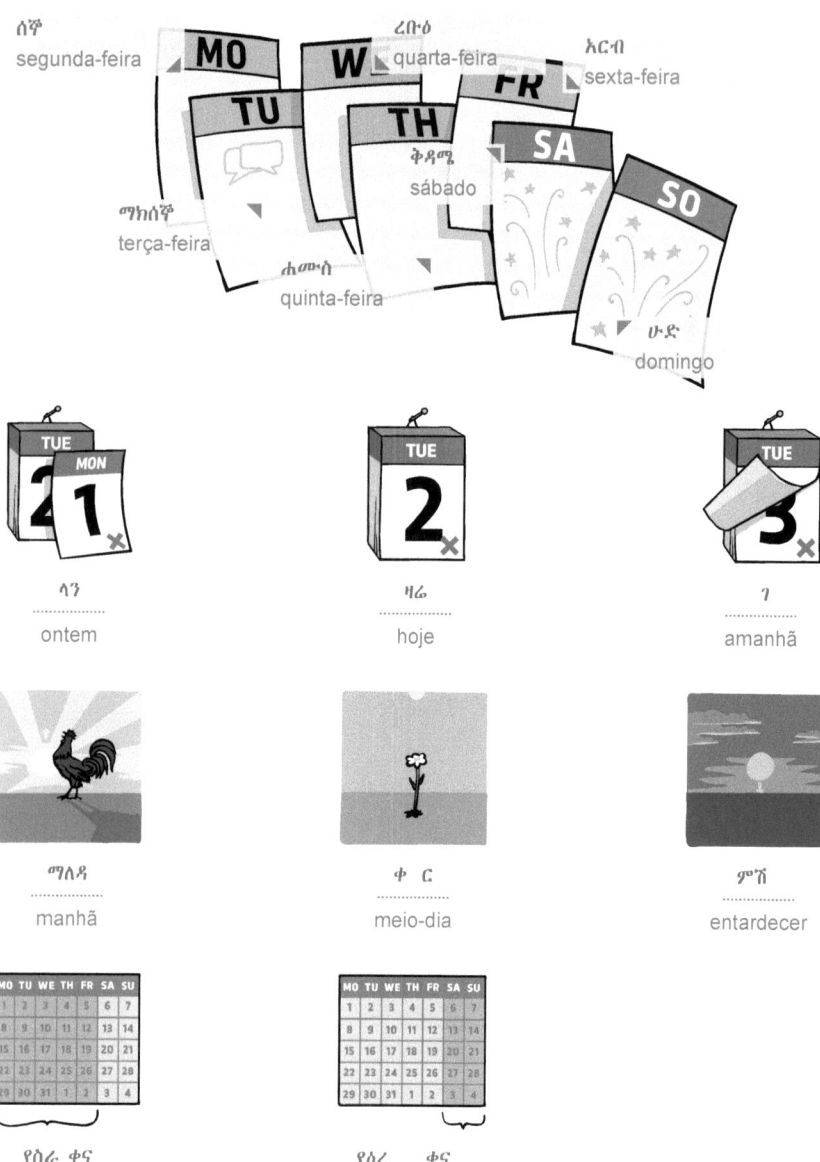

ሰኞ
segunda-feira

ረቡዕ
quarta-feira

ዓርብ
sexta-feira

ማክሰኞ
terça-feira

ቅዳሜ
sábado

ሐሙስ
quinta-feira

እሁድ
domingo

ላን
ontem

ዛሬ
hoje

ገ
amanhã

ማለዳ
manhã

ቀ ር
meio-dia

ምሽ
entardecer

የስራ ቀና
dias úteis

የዕረ ቀና
fim de semana

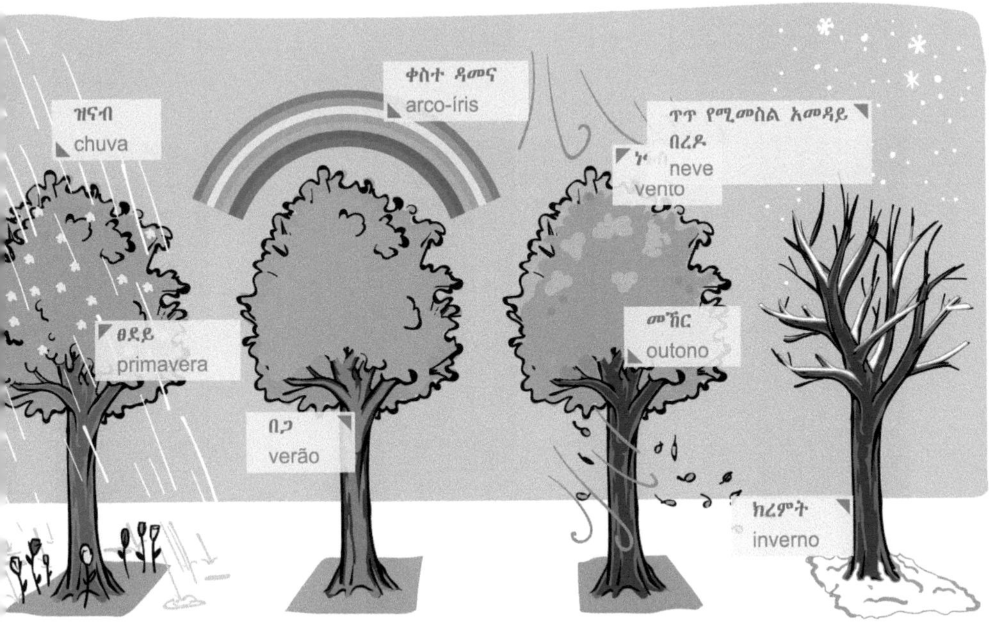

ዝናብ
chuva
ቀስተ ዳመና
arco-íris
ጥጥ የሚመስል አመዳይ
በረዶ
neve
vento
ፀደይ
primavera
በጋ
verão
መኸር
outono
ክረምት
inverno

4.APRIL 11°
5.APRIL 4°
6.APRIL 13°
7.APRIL 8°
8.APRIL 10°

የአየር ሁኔታ ትንበያ

previsão do tempo

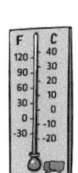

የሙቀት መለኪያ

termômetro

የፀሀይ ሙቀት

raio de sol

ደመና

nuvem

ጭጋግ

neblina / nevoeiro

እርጥበታማነት

umidade do ar

መብረቅ

relâmpago

ነጎድጓድ

trovão

አዉሎ ንፋስ

tempestade

የበረዶ ዝናብ

granizo

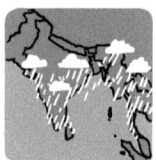

አዉሎ ንፋስ

monção

ጎርፍ

inundação

በረዶ

gelo

ጥር

janeiro

የካቲት

fevereiro

መጋቢት

março

ሚያዚያ

abril

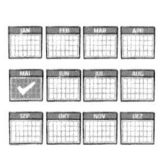

ግንቦት

maio

ሰኔ

junho

ሐምሌ

julho

ነሀሴ

agosto

82 ዓመት - ano

መስከረም

setembro

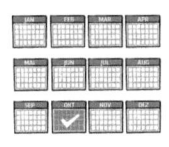

ጥቅምት

outubro

ህዳር

novembro

ታህሳስ

dezembro

ቅርፆች

formas

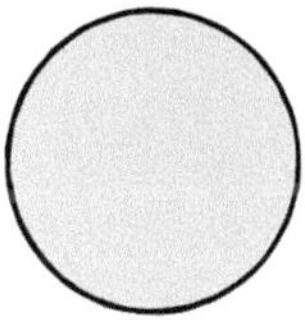

ክብ

círculo

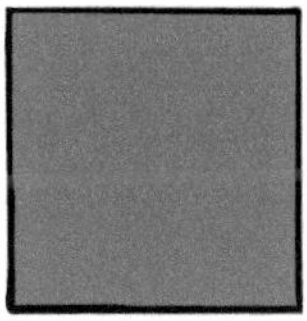

አራት ማዕዘን

quadrado

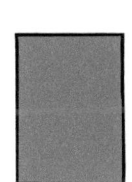

አራት ቀጥተኛ ማዕዘኖች ጎኖች ያሉት ቅርፅ

retângulo

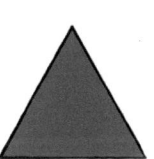

ሶስት ማዕዘን

triângulo

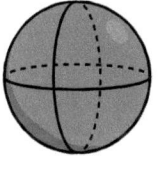

ሉል

esfera

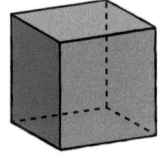

ስድስት ጎን ያለዉ ቅርፅ

cubo

ቀለማት

cores

ነጭ

branco

ቢጫ

amarelo

ብርቱካናማ

laranja

ሮዝ

rosa

ቀይ

vermelho

ወይን ጠጅ

lilás

ሰማያዊ

azul

አረንጓዴ

verde

ቡኒ

marrom

ግራጫ

cinza

ጥቁር

preto

ተቃራኒዎች
opostos

ብዙ/ ጥቂት

muito / pouco

ንዴት/ እርጋታ

furioso / tranquilo

ቆንጆ/ አስቀያሚ

lindo / feio

ጅማሬ/ ፍፃሜ

começo / fim

ትልቅ/ ትንሽ

grande / pequeno

ደማቅ/ ደብዛዛ

claro / escuro

ወንድም/ እህት

irmão / irmã

ንፁህ/ ቆሻሻ

limpo / sujo

የተሟላ/ ያልተሟላ

completo / incompleto

ቀን/ ምሽት

dia / noite

የሞተ/ ህያዉ

morto / vivo

ሰፊ/ ጠባብ

largo / estreito

የሚበላ/ የማይበላ

comestível / não comestível

ክፉ/ ደግ

mau / gentil

ደስተኛ/ ድብርተኛ

entusiasmado / entediado

ወፍራም/ ቀጭን

gordo / magro

መጀመርያ/ መጨረሻ

primeiro / último

ጓደኛ/ ጠላት

amigo / inimigo

ሙሉ/ ጎዶሎ

cheio / vazio

ጠንካራ/ ለስላሳ

duro / macio

ከባድ/ ቀላል

pesado / leve

ረሃብ/ ጥማት

fome / sede

ህመም/ ጤንነት

doente / saudável

ህገወጥ/ ህጋዊ

ilegal / legal

ጎበዝ/ ደደብ

inteligente / idiota

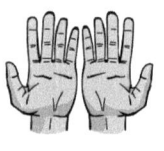

ግራ/ ቀኝ

esquerda / direita

ቅርብ/ ሩቅ

perto / longe

ተቃራኒዎች - opostos

አዲስ/ አሮጌ

....

novo / usado

ምንም/ የሆነ ነገር

....

nada / alguma coisa

ሽማግሌ/ ወጣት

....

velho / jovem

የበራ/ የጠፋ

....

ligado / desligado

ክፍት/ ዝግ

....

aberto / fechado

ፀጥታ/ ጫጫታ

....

baixo / alto

ሃብታም/ ደሃ

....

rico / pobre

ትክክለኛ/ የተሳሳተ

....

certo / errado

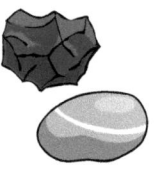

ሻካራ/ ለስላሳ

....

áspero / liso

ሐዘን/ ደስታ

....

triste / feliz

አጭር/ ረዥም

....

curto / longo

ዝግተኛ/ ፈጣን

....

lento / rápido

እርጥብ/ ደረቅ

....

molhado / seco

ሞቃት/ ቀዝቃዛ

....

ameno / fresco

ጦርነት/ ሰላም

....

guerra / paz

ቁጥሮች
números

0	**1**	**2**
ዜሮ	አንድ	ሁለት
zero	um	dois
3	**4**	**5**
ሶስት	አራት	አምስት
três	quatro	cinco
6	**7**	**8**
ስድስት	ሰባት	ስምንት
seis	sete	oito
9	**10**	**11**
ዘጠኝ	አስር	አስራ አንድ
nove	dez	onze

12	**13**	**14**
አስራ ሁለት	አስራ ሶስት	አስራ አራት
doze	treze	quatorze
15	**16**	**17**
አስራ አምስት	አስራ ስድስት	አስራ ሰባት
quinze	dezesseis	dezessete
18	**19**	**20**
አስራ ሰስምንት	አስራ ዘጠኝ	ሃያ
dezoito	dezenove	vinte
100	**1.000**	**1.000.000**
መቶ	ሺህ	ሚሊዮን
cem	mil	milhão

ቋንቋዎች
idiomas

እንግሊዝኛ

inglês

የአሜሪካ እንግሊዝኛ

inglês americano

የቻይና ማንዳሪን

chinês mandarim

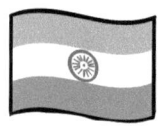

ሂንዱ

hindi

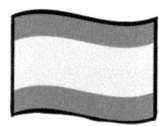

ስፓኒሽ

espanhol

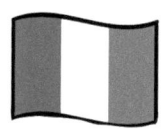

ፍሬንች

francês

አረብኛ

árabe

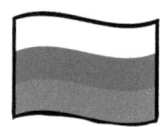

ራሺያኛ

russo

ፖርቹጊዝ

português

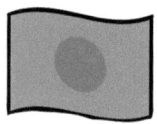

ቤንጋሊ

bengalês

ጀርመን

alemão

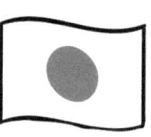

ጃፓንኛ

japonês

ማን/ ምን/ እንዴት
quem / o quê / como

እኔ

eu

አንተ

você

እሱ/ እርሷ/ እቃዉ

ele / ela

እኛ

nós

አንተ

vocês

እነርሱ

eles / elas

ማን?

quem?

ምን?

O quê?

እንዴት?

como?

የት?

onde?

መቼ?

Quando?

ስም

nome

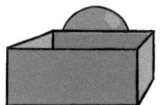

የት

onde

በስተጀርባ

atrás

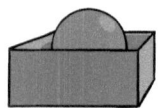

ዉስጥ

em

ከፊት ለፊት

na frente de

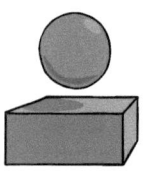

ከላይ

sobre

ላይ

em cima

ከስር

debaixo

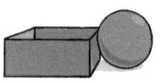

አጠገብ

do lado

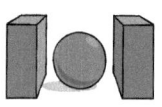

መሃከል

entre

ቦታ

lugar